Inhalt

Breitband - Unternehmen brauchen breite Autobahnen

Kernthesen

Beitrag

Fallbeispiele

Weiterführende Literatur

Impressum

Breitband - Unternehmen brauchen breite Autobahnen

K. Werth

Kernthesen

- Noch immer gibt es viele nicht mit Breitband versorgte Flächen in Deutschland.
- Der Erfolg von Unternehmen wird durch mangelhafte Internetverbindungen massiv eingeschränkt.
- Während in der Politik trotz der LTE-Frequenz-Versteigerungen noch immer um Festnetz-Breitband gestritten wird, setzt die Telekommunikationsindustrie längst auf mobiles Breitband mit Hilfe des neuen Standards LTE.

- In Skandinavien ist man hinsichtlich LTE Resteuropa voraus.

Beitrag

Lebensader der Wirtschaft

Für Unternehmen ist eine breitbandige Internetverbindung nicht Butter, sondern Brot. Wo sie fehlt, läuft praktisch nichts. Es gibt wohl keine Firma mehr, die ohne Internet auskommt. Aber wo regelmäßig nicht nur kurze E-Mails, sondern große Datenpakete versandt werden müssen, und wo ein solches schon mal 30 Minuten braucht um anzukommen, bei schlechtem Wetter auch mal ganz abbricht, steht ohne Breitband vieles still. So ist es noch immer an vielen Orten in Deutschland, vor allem in ländlichen Regionen, die mit Breitband unterversorgt sind. Man spricht von "weißen Flecken". Ärgerlich für den Privatnutzer, wenn das Videostreaming eines begehrten Kinofilms nicht funktioniert. Viel schlimmer für die Wirtschaftsunternehmen, deren Handeln und Erfolg vom schnellen Internet abhängen. Mit einer Datenübertragung von weniger als einem Megabit pro Sekunde müssen sich viele zufrieden geben, wo laut einer Umfrage der Universität Münster rund 80

Prozent aller Kleinunternehmen mindestens 6 Megabit brauchten und 50 Megabit schon heute möglich sind. Die OECD beziffert das Wachstum der Arbeitsproduktivität in einem Zeitraum von fünf Jahren sogar auf 1,5 Prozent, wenn die Übertragungsrate um 10 Prozent steigen würde. (1)

Herkömmliche Telekommunikations-Geschäfte unter Druck

Für die Telekommunikationsanbieter stellen klassische Kommunikationsdienste ein immer schlechteres Geschäft dar. Das Beratungshaus AT Kearney sieht sie wettbewerbsbedingt, aber auch durch scharfe Regulierung stark unter Druck. Die Entgelte für die Sprach- und Datenübertragung kennen nur eine Richtung: abwärts. Neue Wachstumsfelder sind dringend gefragt. Potenzial sieht AT Kearney unter anderem bei den breitbandigen Anwendungen und Online-Diensten. Noch sorgen diese nur für einen Anteil von fünf Prozent am Gesamtumsatz der europäischen Telekom-Unternehmen. In den kommenden drei Jahren könnte dieser um das Viereinhalbfache auf 22 Prozent steigen. Aber die Anbieter müssen sich vorsehen: Die Konkurrenz ist hier groß. Ihre Namen lauten unter anderem Google und Apple. (2)

Gegen die weiße Flecken

Das besetzen der weißen Flecken könnte sich durchaus als lukrativ erweisen. Bisher scheuen die Deutsche Telekom und ihre Konkurrenten die enormen Investitionen in den Netzausbau, denen gerade in dünn besiedelten, strukturschwachen Gebieten der Return of Investment nicht entsprach und auch nicht entsprechen konnte. Für den ehemaligen Monopolisten Deutsche Telekom, der seine Netze noch immer unter stark regulierten Bedingungen und gedeckelten Preisen der Konkurrenz zu Verfügung stellen muss, ist dies ein besonderes Ärgernis. Und so weigert sie sich, ganz Deutschland mit herkömmlichem Breitband zu versorgen - schließlich ist sie dazu nicht verpflichtet. (1)

Doch nun naht Rettung in Form des neuen Mobilfunkstandards LTE (Long Term Evolution). LTE bedeutet breitbandige Datenübertragung per Funk. Sie benötigt keine Kabel, für die Straßen aufgerissen werden müssen. Die Funkmasten können oberirdisch errichtet werden, die Investitionskosten liegen deutlich unter denen für die der Verlegung von Kupfer- und Glasfaserkabeln. Das mobile Internet könnte noch im kommenden Jahr die weißen Flecken abdecken, so schätzt man bei Vodafone. Um das Kundenpotenzial abzuschöpfen, will die Telekom denn nun auch rasch 500 bisher unterversorgte Gemeinden an das schnelle, mobile Netz bringen, und zwar mit Hilfe der so genannten Digitalen Dividenden. Dies sind besonders reichweitenstarke Frequenzen im 800-MHz-Band aus dem Versteigerungspaket der Bundesregierung. Konkurrent Vodafone sieht in der mobilen Datenübertragung doppelt so hohe Margen wie im Festnetz und will sein Netz ebenfalls hochrüsten. Das klingt zu schön, um wahr zu sein. (3), (4)

Glasfaser contra Funkturm

Die Zeichen stehen auf Datenfunk - doch um die Breitbandversorgung in der Fläche zu verbessern, setzen die Regierungsverantwortlichen noch immer auf neue Glasfasernetze. Etliche Bürgermeister kleiner Gemeinden möchten auch lieber Glasfaser, obwohl es bereits seit längerem kleinere Funkanbieter gibt, die ihre Dörfer früher und vielleicht sogar besser versorgen könnten. Einige Verantwortungsträger wie der hessische CDU-Abgeordnete Walter Arnold sehen die benötigten Übertragungsraten von 50 Megabit pro Sekunde nur durch Glasfaser realisierbar. Leider würde die Verlegung länger dauern als die Versorgung durch Funk. Vor diesem

Hintergrund, dürfte sich die Wartezeit für die Unternehmen auf dem Land wohl weiter verlängern. (1), (5), (6)

Schneller als DSL

In Skandinavien ist man hier allerdings schon weiter. Dort wurde nun das erste Mobilfunknetz mit LTE in Betrieb genommen. Die höchste Übertragungsrate liegt nicht etwa bei 50 Mbit/s - sondern bei 80. So schnell ist kein deutscher DSL-Zugang. Zunächst gibt es das schnelle Funknetz nur in Oslo und Stockholm, und noch surfen nur wenige Nutzer mobil und breitbandig. Der Netzwerkanbieter spricht von "einigen 100 Teilnehmern". Für 60 EUR (599 SKr) bekommen diese eine Datenübertragung von 20 bis 80 Mbit/s und können ein Datenvolumen von 30 GB im Monat abrufen. Ende 2010 sollen noch vier norwegische sowie 25 schwedische Städte und Urlaubsregionen angeschlossen werden. In Schweden liefert Ericsson die Technik, in Norwegen Nokia Siemens Networks. Das Osloer Testnetz wurde von Huawei geliefert. In Schweden und Norwegen ist man sich einig, dass am Breitband kein Weg mehr vorbei führt. Die Lösung heißt dort LTE. (7)

Kommt bald die Internet-Maut?

Das Datenaufkommen wächst enorm. Cisco erwartet für 2014 einen weltweiten Traffic von 767 Exabyte. In Deutschland könnten es immerhin 3,6 Exabyte werden. Damit würde der Datenverkehr in fünf Jahren um 400 Prozent steigen. Da der Ausbau des breitbandigen Glasfasernetzes enorme Kosten birgt, wird inzwischen unter dem Stichwort Netzneutralität eine Art Mautsystem diskutiert. Nach einem Vorschlag sollen dabei die zu übertragenden Datenpakete in drei Klassen eingeteilt werden, die mit unterschiedlicher Priorität weitergeleitet werden. Für die schnelle Übertragung wäre demnach ein Aufpreis fällig. Interessant kann dies etwa für Fernsehübertragungen im Internet oder Videokonferenzen sein. Eine zweite Klasse wäre etwas langsamer, aber preiswerter, und böte sich für den E-Commerce-Bereich an, bei dem das Datenvolumen etwas geringer ist, aber die Übertragung nicht zu lange dauern darf, um das Einkaufserlebnis nicht zu stören. Auch Telearbeiter könnten damit versorgt werden. Für die Datenpakete der dritten Klasse wäre kein Aufpreis erforderlich, sie würden jedoch auch nachrangig verteilt. (8)

Trends

Ericsson erwartet bis 2013 etwa 3,6 Milliarden Nutzer für LTE-Netze - das klingt nach der Hälfte der

Weltbevölkerung. Doch darf man sich nicht täuschen lassen. Nutzer sind zunehmend nicht nur Menschen, sondern auch Maschinen. Diese funken etwa ihre Betriebszustände an eine Zentrale. Auch sie brauchen Breitband. In der Machine-to-Machine-Kommunikation (M2M) liegt der größte Wachstumsmarkt. (7)

Fallbeispiele

- Unter den Top-6-Unternehmen, die in Glasfasernetze investieren, befindet sich derzeit kein einziges deutsches Unternehmen. An Platz eins steht das US-amerikanische Verizon, gefolgt von NTT (Japan) und der Telecom Italia. (9)

- Im Jahr 2009 lag das durch Investitionen in Breitband geförderte Inlands-Wachstum in ausgewählten Ländern bei bis zu knapp vier Prozent, in Deutschland bei ca. 2,4 Prozent. (9)

Weiterführende Literatur

(1) Wo die Daten kriechen
aus Die ZEIT Nr. 47 vom 12.11.2009 Seite 031

(2) Telekommunikation
aus Elektronikpraxis Nr. 010 vom 31.05.2010 Seite 016

(3) "Weiße Flecken sind ein Geschäft"
aus Frankfurter Allgemeine Zeitung, 06.07.2010, Nr. 153, S. 17

(4) Frequenzversteigerung bringt nur 4,4 Milliarden Euro ein Die nun zu Ende gegangene Versteigerung von Frequenzen für drahtlose Netzzugänge hat rund 4,4 Milliarden Euro eingebracht. Damit ist sie hinter den Erwartungen zurückgeblieben.
aus COMPUTER-INFORMATIONS-DIENST vom 21.Mai 2010

(5) Breitband für alle?
aus Frankfurter Allgemeine Zeitung, 15.06.2010, Nr. 135, S. 17

(6) 240.000 Haushalte noch ohne schnelles Internet
aus FAZ.NET, 23.06.2010

(7) Erstes Mobilfunknetz in LTE-Technik geht in Skandinavien in Betrieb
aus VDI NR. 19 VOM 14.05.2010 SEITE 9

(8) Mautpflicht für bestimmte Internet-Dienste?
aus Computerwoche, 19.07.2010, Nr. 29

(9) International: Top Markt für Breitband 2008-2010
aus Computerwoche, 19.07.2010, Nr. 29

Impressum

Breitband - Unternehmen brauchen breite Autobahnen

Bibliografische Information der deutschen Nationalbibliothek

Die Deutsche Nationalbibliothek verzeichnet diese Publikation in der deutschen Nationalbibliografie; detaillierte bibliografische Daten sind im Internet über http://dnb.d-nb.de abrufbar.

ISBN: 978-3-7379-0367-7

© 2015 GBI-Genios Deutsche Wirtschaftsdatenbank GmbH, Freischützstraße 96, 81927 München, www.genios.de

Alle Rechte vorbehalten. Dieses Werk ist einschließlich aller seiner Teile – z.B. Texte, Tabellen und Grafiken - urheberrechtlich geschützt. Jede Verwertung außerhalb der Grenzen des Urheberrechtsgesetzes bedarf der vorherigen Zustimmung des Verlags. Dies gilt insbesondere auch für auszugsweise Nachdrucke, fotomechanische Vervielfältigungen (Fotokopie/Mikroskopie), Übersetzungen, Auswertungen durch Datenbanken oder ähnliche Einrichtungen und die Einspeicherung und Verarbeitung in elektronischen Systemen.